AF270371

Perro salvaje africano

Julie Murray

Abdo Kids Junior es una
subdivisión de Abdo Kids
abdobooks.com

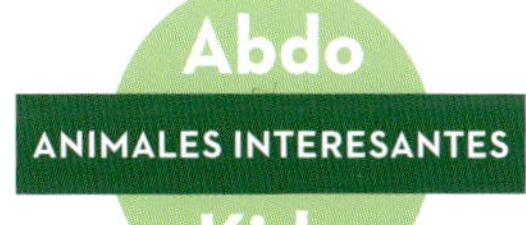

abdobooks.com

Published by Abdo Kids, a division of ABDO, P.O. Box 398166, Minneapolis, Minnesota 55439.
Copyright © 2024 by Abdo Consulting Group, Inc. International copyrights reserved in all countries.
No part of this book may be reproduced in any form without written permission from the publisher.
Abdo Kids Junior™ is a trademark and logo of Abdo Kids.

Printed in the United States of America, North Mankato, Minnesota.

052023

092023

Spanish Translator: Maria Puchol

Photo Credits: Getty Images, Shutterstock

Production Contributors: Teddy Borth, Jennie Forsberg, Grace Hansen

Design Contributors: Candice Keimig, Pakou Moua

Library of Congress Control Number: 2022950879

Publisher's Cataloging-in-Publication Data

Names: Murray, Julie, author.

Title: Perro salvaje africano/ by Julie Murray

Other title: African painted dogs. Spanish

Description: Minneapolis, Minnesota: Abdo Kids, 2024. | Series: Animales interesantes | Includes online
    resources and index

Identifiers: ISBN 9781098267445 (lib.bdg.) | ISBN 9781098268008 (ebook)

Subjects: LCSH: African wild dog--Juvenile literature. | Dogs--Juvenile literature. | Dogs--Behavior--
    Juvenile literature. | Animals--Juvenile literature. | Savanna animals--Juvenile literature. | Zoology--
    Juvenile literature. | Spanish Language Materials--Juvenile literature.

Classification: DDC 599.77--dc23

Contenido

El perro salvaje africano

Los perros salvajes africanos viven en África.

América del Norte
Europa
Asia
África
América del Sur
Oceanía
N
S
E
W

5

Se les puede encontrar en

las **llanuras** de África.

6

Son altos y delgados. Pueden
pesar 70 libras (32 kg).

Su pelaje es de color negro, tostado y blanco.

Tienen las orejas grandes.

¡Sus dientes son afilados!

Son rápidos. ¡Pueden correr a
45 millas por hora (72 km/h)!

Viven en grupos que
se llaman manadas.

Cazan en manada

persiguiendo a sus **presas**.

Comen antílopes. También se alimentan de ñus y de aves.

Características

altos y delgados

dientes afilados

orejas grandes

pelaje multicolor

Glosario

presa
animal que es cazado para ser comido por otro animal.

llanura
área de tierra plana y grande con muy pocos árboles o sin ellos, cubierta en ocasiones de pasto alto.

Índice

¡Visita nuestra página **abdokids.com** y usa este código para tener acceso a juegos, manualidades, videos y mucho más!

Los recursos de internet están en inglés.